신비한 성좌

존경하는 최만공
교장 선생님의
계간 청옥문학
제23기 신인문학상
시부문 당선을
진심으로 축하드림

이천십육년 새봄
여천 최인림

| 최만공 시집 |

신비한 성좌

청옥

시인의 말

예순이 되었습니다.

한 생애 일관되게 마음에 자리 잡은 것을 성찰해보니 여러 가지가 있겠으나, 그래도 그것은 시였습니다. 중학생 시절, 노트에 시모음집을 만들어 보고, 중 3때는 아버님 소천하시고 대학노트에 시집을 만들어 보았습니다. 고교 시절, 청년 · 대학 시절, 청 · 장년 시절에도 내 마음에서 사유의 틀이 되고, 내면에서 자아 성찰의 목소리가 된 것은 시였습니다.

낡은 노트와 수첩, 일기장 등 여기저기에 흩어져 있던 시의 파편을 모아보았습니다. 글로 내놓아 보니 부끄러운 마음이 앞섭니다. 1970년 중 2학년 시절부터 현재까지 제 정신적 삶에서 시로써 조그마하게나마 사유의 맥을 이어왔습니다.

제게 있어서 시는, 구약의 예언자들이 시인이었듯이, 인간 구원의 그릇이자, 그 그릇에 담을 지상에서의 인간의 사유와 진선미에 대한 실천의 심상과 같다고 생각합니다. 그리고, 내가 하는 모든 행위 중 시적 사유와 통찰과 작업은 인간이 가진 모든 것들 중 가장 소중한 것을 정제하고 갈고 닦아 함께 나누는 귀중한 보물을 빚는 과정과 같다고 생각합니다.

공직의 바쁜 일상에서 가슴 속에 묻혀 있는 원석들이 이제는 기억의 창고에서 상상력과 신선미를 잃어 가고 있는 것 같습니다만, 이제 중노년에 누리는 여유 속에서 조금 씩 갈고 닦아 진선미의 창조 작업으로 주위 사람들에게 작은 빛이 되었으면 합니다.

특히, 인성교육을 위해 인문소양교육과 한교 문화예술교육이 중요시 되는 시점에 중 · 고교 시절부터 마음의 수양도구로 시와 함께 해온 조그만 흔적이 자라나는 청소년들에게도 도움이 되었으면 하는 마음 간절합니다.

오늘의 자아가 있게 해주신 어머님, 아내와 삼열, 혜란 그리고 사랑하는 두 동생들 믿음의 친구들에게 감사드리며 이렇게 세상에 빛을 보는 과정에 길잡이가 되시고 격려해주신 박중선 시조시인님, 청옥문학회 최경식 회장님, 편집과정에 시어의 아름다움을 깨우쳐 주신 편집국장 박선옥 시인님의 은덕에 힘입었음을 밝힙니다. 다시 한 번 감사를 드립니다.

2016년 3월

초록 솔 최 만 공

차례 ● ● ●

제1부 섬마을

제2부 청음개오淸音改悟

第3부 작은 하루의 오월

제4부 **풀들을 위한 노래**

● ● ●

第5부 눈물 꽃 속 그 빛살 무지개

제6부 빛이 되어라

제 1 부

섬마을

시편의 서시序詩

낭만과 기쁨
고독과 슬픔이
외줄기의 노래로
승화되는
나의 마음의 정원이여!
꿈의 메아리여!

* 제1부 '섬마을'은 중학교 2학년 때 노트에 적어 만든 자작시 모음집에서 옮겨 온 것임.

봄

삼라만상 재생이라
이름하여 경칩이라

경칩 추위 가고 나면
이름하여 봄이노라

봄에 먼저 피는 꽃이라
이름하여 매화노라

봄에 제일 피는 꽃이라
이름컨대 진달래, 개나리라

흥에 취해 보노라면
이름컨대
다홍치마 노랑 저고리라 하노라.

어떤 그리움

누군가
나의 그리움을
받는 이는

소망의
물결이 밀물과 썰물의
간척지를 개간
하는 이는

조용히
눈을 감고 두 손을 모아본다.
반짝이는 별들이
유난히 밝다.

J
누군가 알 수 없는 이름
허구한 날 J를
만나면 내 뜨거운
정을
꼭 나누고 싶어
J…
J…

태양

희망의
대지에…
정열의
전부가
한
큰
덩어리가 되어
희망의 대지에
내린다.

희열 속에
슬픔 속에서
인간은
결단코
언제나 널 기다린다.

넌
정말 위대한
물체다.

세계의
제일인자도
널 따르진 못할 거야.

모두다
널 바라보며
기뻐한다.

넌!
정말 위대한

넌!
머리로 그리지 못할
위대한 물체다.

종교가 많다지만
널 믿는 종교도 있지

넌! 정말 말없이 온 세상 비추는
소박하나 위대한 물체다.

경칩

추위는 가셨다.
생기는 돈다.

젊음의 활력이
약동한다.

봄이 익는다.
매화가 피고
봉오리를 맺으련 노랑, 다홍

개구리가 겨울잠에서
깼다.

저 웅덩 물 달 바뀌면
합창단이
생기겠지
개골
개골

개나리 담 밑에
진달랜 산들에
온통
노랑, 다홍
물들었다.

봄

살며시
살며시
눈을 뜨자

손을 들고
커-튼을 젖혔다.

화사한
입김이
그윽이 차고

아침 기운 짧어지고
가만
가만
밖을 본다.

푸름이 함빡
누릴 덮고

쑥 냄새 피어나는
들엔 보리갈이 소
한창
땅을 후비고…

흰 구름 꿈속으로
두둥실
흘러가고…

키보다 큰
괭일 어깨엘
얹고
난!

쑥 넘고 달래 너머
밭갈이 하는
아버지에게
간다.

기다림

파아란 호수의
연꽃과 같이

파아란 하늘의
흰 구름 같이

갈대숲 뒤에 두고
봄바람을 기다린다.

파아란 하늘의
흰 구름이 흘러간다.

바둑이가 흰 구름을 본다.

파아란 호수의
연꽃이 흔들린다.

갈대가 흔들린다.
내 마음이 흔들린다.

인생

하루하루 찢어내는 일력
그것마저 잊을 때도 있다.
길면 길고 짧으면 짧은 삶
흐르는 세월을 돌이키며
발버둥 치는 이!
세월아 네월아 가라는 이!
후회 중 삶의 후회는 허용된다.
그러나,
인생의 후회는 용서되지 않으며
돌이킬 수 없다.
오늘에 살지 않고 내일에
산다는 한 사람
푸름과 인내의 삶을
개척한 그이
그는 정말 고명한 인생이라고 해야 될 거야.

인생 파도

하루살이 날파리여!
어떤 시인의 말이 생각난다.
고귀한 한 생명에
알알이 깃든 인생

큰 나무가 되라!
누군가의 말 한 마디가 생각난다.
돌이킬 수 없는 인생에
이룰 수 없는 소원

여러 곳에 떨어진 씨앗들
성경의 한 비유가 생각난다.
메꾸어 가는 인생에
울고 웃는 인간

소용돌이치는 거센 파도가
힘차게 밀려오면
가랑잎의 힘찬 인내도
아랑곳없는 종말

잔잔한 바다에
알 수 없는 불안에 인간은
아니, 고귀한 생명은 암초의
종말을 맛본다.

깨진 조각에 붙은 작은 생명
동심은 불안을 안고
저 큰 파도엘 가면

요행을 믿는 인생들은
그저 눈만 감고 가기 전의 장례를 치른다.

아!
인간이여!
요행의 인간이여!
아! 인간이여!

오늘도 짧은 인생을 버리는가?
아니, 짧은 인생을 채워가는가?

삶

기필코
가슴을 충동시킨
눈물의 씨앗

아니
눈동자에 뜨거운
희망의 샘

딱!
그건, 분명히 큰 바다
풍랑과 폭풍우

붉은 해가 동마루에
섰다.

아침놀의 황홀함,
고독과 슬픔을
태워 버린다.

아!
새 물결이
새 파도가
새 거품이
새 가슴에
새어들고
새 출발을 한다.

수평선

안개가 자욱
그는
보이지 않는다.

맑고 쾌청한 날
가느다란 선
색깔은 알 수 없고

하늘과 바다의
끝이랄까?

자도 필요없고
줄도 필요없다.

그의 얼굴은
길다란 선이다.

코도
입도
눈도

모두다
보이지 않고

매끈한
얼굴만
가느다란
선으로 보인다.

긴 여로

드르륵
윗 하나
밑 다섯 주판 알들을
까닥 까닥

낮잠은 없고
허공의 긴 여로만
계속돼!

두 길에 조용히 선 나!
흑?
백?
백?

긴 숨이
진동하고
흐려지는 두뇌

찡
지구가 돈다.
내가
천장에
거꾸로 앉았다.

그나마
머 - ㄴ
그 날로 돌아갈까?

꿈

한없이
한없이
산 위에서 그렸다.

흰 구름 위 푸른 하늘
밑 흰 구름에
꿈을 펼쳐 본다.

한 권의 그림책처럼
아름다운
미래의 꿈을

속으로 쓴다.
미래의 꿈을

저 흘러오는 쾌청 유수流水를
흠뻑 먹고 마신다.

그리고,
허몽의 꿈속으로
날아간다.
훨
훨
한없이
한없이.

푸른 소망

여기 -
쓸쓸한 조화 속에
푸른 사과가 있다.

저기 -
별만이 오순도순
얘길 나눈다.

칠흑의 암흑이
대지와 호흡을 같이한다.

머 - ㄴ
저곳이 그리워서
호흡을 같이하길 기다렸다.

아! 암흑이 움직인다.

이윽고 조화를
불사른다.

머 - ㄴ
저곳이 그립다.

아함 쓰윽
사과는 자란다.

낙엽

한 잎…
두 잎…
다섯 잎
열 잎…
무수한 낙엽이
초롱초롱 떨어진다.

나
초록
잔디 위에 뒹굴었지만
지금 가지 사이 푸른 하늘이
더없이 높다.

팔랑 -
- 초롱
벌레 먹은 고엽이
살그머니 얼굴에 앉는다.

살며시 눈을 감는다.
고엽의 참 냄새가 난다.
가을 냄새가 난다.

고향 냄새가 난다.
부모님 냄새가 난다.

공원

낙엽이
움직이는
텅 빈 공원

쓸쓸한
외롬의
긴 벤치

저기
메마른 가지에
외톨이의 새가
있다.

외로운 그와
달콤한
밀어를 나누고 싶다.

온갖
벌레 묵은 고엽이,
쌓이고 쌓인
벤치

고운 봄
당사실의
더운, 여름

이제는
모두가
지나간 추억

벤치의,
말라버린 고엽
간혹 찾는 앵무새들…

하나
하나, 계절 먹은
낙엽이 지고 또 진다.

그래도, 온갖
솜이불 희망을
낙엽에 새기는
공원.

산들바람

어디서인가에서 와서
귓가를 간질이는 힘

작은 소리를 내며
동백나무 가지를 흔드는 힘

정원 사이로 보이는
아련한 수평선

단풍나무가 더욱
오묘한 빛깔로 퇴색하고
요리조리 흔드는 잎들

다시
바람이 오는 곳엔
아름드리 은행나무가
하늘을 찌를 듯
쭉쭉 뻗었다.

다시, 바람이 분다.
음지가 양지로 변하려고
은행잎 사이로
아스라한 빛이 스며들고

잎들은 각기 나름대로
이리저리 손 흔든다.

가을

정원의
긴 벤치에 앉아
혼자 사색에 잠기면

어디선가
새어나오는 가을의
냄새들

높다란 하늘엔
찢긴 솜구름이
떠가고

은행잎도
청초한 푸른빛을
차차 잃을 때면

고향 집
사립문을
넘나들며 맴도는
고추잠자리

뒤곁,
뽀도시 한 팔짱 반 아름의
감나무엔
주홍 감이
막막 영글었다.

신작로 옆
코스모스는 한결
춤추며, 논에선
가짜 주인에
놀란 참새, 우수수 날고…

뒷동산 금잔디에선
총각과 처녀가 밀회를
나누는 가을

가을은 동경과 꿈의 계절이요
결실의 계절이다.

섬마을

먼
이곳에도
빨간, 작은 잠자리 무리가
돌담 위를 넘나든다.

먼
이곳에도
진노랑, 따뜻한 달이
동리에
승리의 후광을
던져 준다.

먼
이곳에서는
벌거스럼한 재회의 전파가
진남빛 물 위에
다시 오는 긴 메아리가 되어
전진할 때

이슬 영글은
국화의
신선한 입술엔
사랑의 호소가
조용히 피어 날리고

어디선가
뱃고동이 인사한다.

저 - 기
눈부심의
검붉게 피어오르는
장미 한 송이의
그림자를 밟으며
멀어지는 고기 닻배엔
승리의 욕망이 무르익었고
이별하는 잠깐의
세월에, 무궁을 기원한다.

저기
저기
저기
지붕엔 연두 박이
막막
부풀고

이
섬마을엔 청신한
섬 나물 냄새가 감돈다.

이
동심엔
환희의 물결이 일렁인다.

* 1970. 10. 9. 중 2, 한글날 백일장 장원작.

미련

흐르는 물
낙엽에 새긴 추억들
모두 다 어제 같은데

그곳 그 돌엔
아직 있는 글자 '추억'

비록 낡고 닳고
희미해 보이지만
그날의 선함이 있고
내 손이 알알이 깃든 글

낙엽이 지는 날
바람이 부는 날
꼭
떠오르는 추억

낙엽 1

소리 없는 눈
잎새의 코발트 계절이여!

너는 시나리오의 감독였기에
꽃 눈송이 되어 출연한다오.

내 아빠 안타까워 날 불러도
내 엄마 못 잊어 울어 보아도

저기 또
피난 가는 바람과 함께
야위어서
야위어서
울고 간다오.

낙엽 2

홍조의 미소
미사의 종이 울렸다.

청아한 너도
분장을 하고 마실 가는 날

건넛마을 아름다운 처녀 꽁무니 쫓다

고향을 잃었을까?
집이 어디일까?

밀려오는 홍수에
이리 저리 방황하는
너 이름은 낙오자다.

한 번은 봇짐 살 나의 고향이기에
차라리 웃으며 조용히 간다.

새해 아침

염원이 달렸다.
그토록
애태웠던 하늘이 열리자

나
돛 없이
흘러가는
삿대 없는 사공이뇨.

동해 -
핏빛의 대해로
이 동방의
소담한 내 강토에
새 생기가 울렁인다.

침묵을 지키던
저 -
아름드리 청송은
올해를 다짐한다.

용이 굽이친다.
그토록,
사모하던 새해가 오시자

나
한없이
방황하는
바람 부는 곳의 낙엽이뇨.

동해 -
핏빛의 대해로
이 동방의
알뜰한 내 강토에
새 활력이 넘쳐 흐른다.

침묵에 잠자던
이 -
아름드리 청송은
올해를 다짐한다.

소꿉놀이

상上

나는 유학을 가고
한 살 위인 아내는 밥을 짓고
내가 비행장에
서 있을 때
식사하러 오라고 했다.

옥희는 착하고
예쁘고 동갑이라서
살림을 차렸다.
1원으로 산 30개의 건빵으로

옥희는 애기도 만들고
내 옷도 만들었다.
나의 전처인 혜숙이가 왔고
자기 어머니가 없다는 방에서
둘의 아내를 얻고 새살림을 차렸다.

나중에 혜숙이는
어머니가 되었고, 옥희와 나는
자식이 되었다.

하下

우리 집은
이사를 했고, 내 친구 상문이와의
희망 비슷한 얘기도
끝나 버렸다.

상문이는 예쁜 아내를
갖는 것을 기쁨으로 여겼다.

이사 후, 우연히 옥희를
보았는데 자기 집도 이사왔다고 했다.
어찌나 컸던지 서로 몰라볼 뻔했다.
옥희는 얼굴을 붉혔고
나는 달아나 버렸다.

혜숙이도 이사를 갔고
상문이도 갔다.

* 1971. 유년시절 소꿉놀이의 기억, 친구들의 이름을 잊기 전에 지음.

사랑과 순정의 가교

보라가 가득차게 진한 곳에서
만나 버린 그와 그,
연정의 참뜻을 만끽하려는 마음들
정다운 가교 - 마음의 순정

잿빛이 온통이나 진한 곳에서
흐르는 두 볼의 서러운 빛을 보다.
순정의 참뜻을 만끽하려는 마음들
그러나, 정다운 가교 - 마음의 사랑

푸름이 순수한 베일 속에서
재회한 청초한 가슴들
연정과 순정을 결부시킨 가슴들
사랑의 가교 - 순정의 가교

* 『바위』 회지 게재.

순간

옛집의 아침
그가 갓 필 땐
싸리 담장은 석류다.

아!
순간을 염원했다.
발길은 노을 진 그 강변에
덧없이 발자국 남기다.

추억의 고향에
꿈의 옛집에
발돋움했었다.

자
산 너머 먼 곳엔,
오르는 외줄기 연기
어느덧 멈추어 왠 강변에 서다.
여기에도 순간을 보았다.
정녕, 옛집의 순간은 아니다.

* 『바위』 회지 게재.

제2부

청음개오淸音改悟

청음개오淸音改悟

날이 가면
달이 뜨고,
그리움의 소리는
기적처럼 들린다.

젊음이 싱싱한 삼림을
지나,
우람한 거목이 쉬는 곳
그곳은
맑은 소리가 산다.

밤엔 풀벌레 소리

어느 날
그리움의 소리가 보고파

청음은 개오를 먹었다.

* 제2부 '청음개오'는 중 3 시절의 시 모음집에서 옮겨옴.
청음개오는 맑은 소리의 깨달음이란 뜻으로 스스로 조어함.

망각했습니다

사람이
죽는 것은 행복한 것이다라는 글을
읽은 적이 있습니다.
과연, 죽는 것이 행복한 것일까요?

세상에 만일 죽음이 없다 하면
육지는 온통 숲의 도가니고
바다는 온통 어패류의 천지고
사람은 상하가 없는 원시의 시대로
바뀌지 않겠습니까?

아담과 이브가
저지른 죄악의 대가로 하나님께서
이들의 자손에게 죽음이란 것을
내렸다고 합니다.

영생!
인류 누구나의 기원이겠습니다만
죄악의 자손인 우리 인간에게는
너무 어려운 것이지요.

나는,
이 세상에서
고귀한 나의 아버님의 죽음에 대해
그 무슨 말을 해야할 지
망각했습니다.

바람은 가는데

바람이 오는데
가슴으로 오는데

나만이 부르는
철없는 현실 속에
지금도 웃고 있을 나의 전부는
정녕코 떠났네
내가 우는데

하늘을 향하여
달빛을 안고
목젖을 활짝 열어
귀뚜라미는 가을을 울지만

지금은 잠이 든 그 임
나의 전부에게
바람은 가는데
가슴으로 가는데

해야 합니까?

가야 합니까?
그 날은 비 오는 날
마음은 작으나, 받은 것은 클 때
목 트인 넋두리를
해야 합니까?

가야 합니까?
그 때는 밤 깊은 날
받은 것은 작으나, 줄 것은 클 때
조용한 하소연을
해야 합니까?

가야 합니까?
그 적막한 날
꿈이 아니고, 사실이었을 때
목 트인 울부짖음을
해야 합니까?

어디에

사랑하는 아버지
꽃구름 흐릅니다.
늘 파란 바다
어디에 계십니까?

사랑하는 아버지
망아지 울음 흐릅니다.
푸른 초원은
늘 푸른 하늘
어디에 계십니까?

나의 좌우명

남아가 세상에 날 땐 그 알 수 없는
큰 직무를 감당하려 났으리.
슬픔과 환란은 인생에 보약이라
하였거늘,
이 어찌 감당하지 못할까
세월이 흐르면 슬픔과 환란의 부스러기들도
잊혀지듯이, 남아 십칠 세
태산 같은 슬픔이 있을지라도
눈물을 믿을까나, 근심을 믿을까나
숙연한 자세로, 성실한 심정으로
차가운 물결을 헤쳐 나갈 때 ……
남아가 세상에 날 땐 그 알 수 없는
큰 직무를 감당하려 났으리.

어느 초저녁의 여음

말 여름의
밤이 익어 갈 때
하늘은 진보라의 전부

말 여름의
밤이 영글어 갈 때
귓전은 귀뚜라미 음률의 전부

말 여름의
밤이 침울해 갈 때
주위는 온통 고요의 전부

말 여름의
밤이 노곤해 갈 때
가슴은 가신 부님 생각의 전부

지금은 가버린 사람

내가 사랑하는 사람은 지금은
없다.
멀리 영원한, 인적이 드문 곳에
산다.

숱한 슬픔과 작은 사랑만을
미련 없이 두고서 연기가
되어
모두가 사는 - 그리운 사람들이
사는 동리에

허무한 가슴 속에서 무상이
일 때,
나는
지금은 없는 사람 - 당신이
죽도록이나 사무쳐 오릅니다.

아버지의 양심

잔잔한 호수의 백조인 양
말없는 강 위의 조각배인 양
아버지의 양심은 한 폭의 그림

갈바람 머무는 나무인 양
진한 내음의 가을 국화인 양
아버지의 양심은 활짝 트인 수평선

산천초목에 눈 내린 양
내 가슴에 눈 쌓인 양
아버지의 양심은 정의의 연속

석양이 질 때

바람 속에 하늘을
발돋움할 제
눈물 쌓인 가슴에
통곡만 남아

다짐한 가슴에는 기대가 있고
내일을 향해 보지만
갈등의 세계에
나는 속는다.

석양이 질 때
바람이 불어도
밝아 올 새벽 놀에
눈물 머금으리

꿈같은 지금은 입술 깨물고
머 - ㄴ 수평의 선을 보노라
바람 속에 하늘을
발돋움할 제.

눈물을 잊고서

잊기를 좋아하는 게 아니고
망각하는 게다.
너무나,
쓰라린 과거가 있어
자연히, 자연히

그 날
눈물의 요동을 몸부림치고
슬퍼했지만
가을 저녁, 집 찾아 날아가는 철새
처럼
잊어버린, 인간의 망각은 자연히
잊고

아무것도 남은 것이 없는
지금,
가슴에는 그리고 뇌리에는
그때를 까마득 잊고
쓰디쓴 현실에 입맞춤하며
울고 있는 지금은
눈물을 잊고서.

나는

그리고,
나는 아주 원대한
대망을 품었다.

그렇다면,
불 속에서 서 있겠느냐?
지금을 맘껏 웃지는 않나
근심스런 나는
의심을 한다.

오직,
오늘은 차더라도
따뜻함을 갈구하지 않아
아주 원대한
대망을 품었다.

바람의 노래

푸름이 물든 가을은
지금 바람과 함께
알록달록

엊저녁 해 질 녘 때
바람은 함께 노래하고
오직 굳세게 가을을 부여잡더니

내일 나는 울고
있다.
남 모르게,
지금도 타고 내리는 추억의 슬픈
앨범, 나 혼자서……

그만큼이나 작은 것도 싫다.
내게 있어
나의 기대감의 실현도 싫다.

해 질 녘이 아니라도
나의 숨결이 반향되지 않아도
바람의 노래가 있다.

제3부

작은 하루의 오월

작은 하루의 오월

꼬리가 눈에 띄고
몸집이 작은 흙색의 새는
얕으막하게 날다가 밭에 앉고
언제부터 네 마리가 놀고 있다.

오월의 하늘 냄새를 풍기는
꿀맛이 들어있는 아카시아 꽃이
주저리 주러리 큰 나무에서 흔들리네
언제부터 봄바람이 불어만 오고

물이 터질 듯한 하늘이 위험스레 푸르고
멋 모르는 흙빛 새는 마구 날고 있어,
아카시아 꽃을 따서 단맛만 빨고
하얀 꽃은 버립니다.

산에 있는 아카시아에는
오월의 하늘이 있고,
밭에 노는 흙빛 새에게는
오월의 땅 냄새가 있소.

* 제3부 '작은 하루의 오월'은 고교시절 지은 시들을 모았음.

봄

내 숨결의 시작도,
내 역사의 발돋움도 이때부터였다.
그 아무런 바뀌지 않는 세월의 물살 속에
지금 나는 울고 있다.
내 생일을 맞았기에,
경축일을 당했기에 우는 것은 아니다.
단지, 3월의 냄새 속에서
비둘기의 회유를 보고 미래를 기약하는
현실의 출발이 있기 때문이다.
그렇다고, 봄을 시작으로 무미건조한 현실을 잊고
무조건 내일만을 기약하는 나는 아니다.
지금을 향유하는 것이다.
청춘의 지금을 예찬하며
나대로 진남색, 진노란 삶을 향유하며,
살뜰한 오늘 속에
영글은 내일을 이룩하겠다는 것이다.
그렇다!
3월의 노랫소리가 누리에 퍼지고,
4월의 흙냄새와 자연의 향기가 날린다.

나의 봄인 것이다.
언제부터 잠입했는지는 모르나,
나의 3월 비 젖은 가슴에는
봄이 밝아 오는 여음을 따라
생동하는 가슴에는 마음의 창공이 있다.
봄,
먼동이 터져오는 산속에서
연한 안개 낀 새벽의 냄새를 마시며,
자못 벌어진 가슴과 우람히 광막히 뛰는
심장의 소리는 마냥,
계절을 부르는 봄의 소리였을까?
지금, 4월의 이슬이 흠씬 적신 가슴에
물씬히 스며나는 향내가 있다.
진보라의 한 송이 참꽃을 따서
한 입에 고스란히 넣어 보았다.
지금, 나는 그때 그 참꽃을 왜 넣었는지
왜 입맞춤을 했는지…….

냄새

아마 내일은 밝을 것이다.
그리고 해도 질 수 있을 것이다.
이것은 나도 볼 수 있고
강나루 고향 마을의 사람도
볼 수 있을 것이다.

밤이 부서지면 아침이 세워지고
온 종일 모두 닳아 버리면
하루가 부서지고 냄새가 나리
하루의 냄새가 말이요.

역사의 소리가 하루를 녹음하고
부패한 도심의 악을 감추면서
하루의 냄새를 민족에 날리면

어느 역사가는 낡아가는 책장을
힘없이 펼치고서
먹물 없는 붓대를 들고
이 썩어가는 냄새에 코를 들이댄다.

어느 기도

하나님
세상에서 떡만으로 당신을 맞이하고
삶을 살겠습니까?

그럼 냄새와 맛, 소리로만 살 수 있겠소이까?
아니외다.
삶의 향기, 마음의 냄새
이상의 노래, 환상의 실현으로
살아야 되겠습니다.

나는 시를 씁니다.
건축을 합니다.
이것은 나의 노래이고, 이상관이고
삶의 좌우명일 것이요.

아마, 나의 이것은 영원할 것입니다.
영원히 이 향기가 타인의 심금에
맺히게 하여 주십시오.

나는 지금도 마음이 진실한 사람들을 위해
시의 나래로만 날고 있습니다.

첫사랑

말을 못 하면서
무언가의 첫사랑을 이루려는
욕심 많은 소녀는
별만이 흐르는 저 하늘 중에
욕망을 띄우고 울고 있을지.

외모를 평하기 전에
첫사랑에 반했을까, 그저 웃는 모습
욕심장이 그 소녀는
불 꺼진 침실에서 나를 그리며
원망을 흐느끼며 하소연 할지

사연을 없이 하고
무관심한 듯이 달려만 드는
마다할 수 없는 사랑스런 소녀는
다가만 오네.
첫사랑 영원히 받아 가지라고
오지게 가슴을 꼬집고 섰네.

오셔요, 사랑님!

그리움의 창가에서
외진 나의 마음을 부여잡고
오셔요, 사랑님!
멀리도 아닌 손 닿을 곳도 아닌 곳에서
말없이 눈동자를 굴리고 있나
사랑스런 나의 소녀여!

사랑님 성숙한 가슴
샛별 같은 눈동자
익어있는 입술
한 줌의 재가 될지언정
이루련다.
너와 나의 사랑을…….

환상의 강변에서

흐린
아니, 너무나 여린
안개는
아침 붉은 해에 사라질 듯 하고

넓디넓은 묵묵한 이 강은
흐르지 않는 것 같아
상류인지, 중류인지, 하류인지
길고 긴 이 묵묵한 강은
가만히 있는 것 같아

물기가 있는 강의 교량에 볼을 대고
나는 왜 세상에 나서……
길고 긴 교량 위를 미친 듯이
달린다.

강물을 시푸르고
강변의 수풀에선 잎들이
모두 흔들린다.

하늘을 향해 손을 들고
나는 왜 세상에 나서……
강변을 쓰러져도 달린다.

내가
이 강변에서 돌아올 쯤에
외줄기
트럼펫의 이별곡이 강에서
흘러나오고

석양에 물든 강
강변
교량
수풀
하늘과 구름
나
한 웅큼의 꿈의 파편을 쥐고서
미친 듯이
거친 숨을 쉬며
달리고
세상에 다시 왔지.

생각

꽃이
맑은 하늘을 호흡하며 살 듯
대지와 깊은 인연을 맺고 있듯,

가슴 가득 맑고 푸른 들판이 있는 사람은
목적을 위해 살고
삶의 보람과 진리를 느끼며 살지
하늘에 감사하고
가슴속 푸른 들판에 굳게 뿌리내리듯

생명이 있는 것들은
구름의 존재를 의심하지 않지
구름은 하늘의 정다운 친구,
비 되어 땅을 적실 때
언제나 땅의 고마움도 만끽하지

새 생명이 소생될 때
꽃은 하늘과 대지와 함께 어울리어
꽃밭을 만들고
인간에겐 노래할 수 있는 생각을 내렸으리,
하나님은.

친구

오붓한 나래의 꿈들을
초록이 움트는 동산에
날리고,
너
항상 보랏빛 얼굴에 미소를 심으며
푸르게만 힘차게
자라더니

친구를 공허에 홀로 남겨 두고서
어디로 갔느냐?

찾아가 볼 수 없고
올 수 없는 너와 나의 지금
다시는 그 잔디에서 재회할 수 없는
친우의 사이를
누가 이렇게 벌려 놓고야 말았느냐!

내 사랑하는 벗이야!
내 사랑하는 벗이여!

* 불의의 사고로 세상을 떠난 친구를 그리워함.

비

비가 온다
자꾸 온다
밭에도 산야에도 내린다.

하늘을 보면 보이지 않고
처마에서 떨어진다.

물 위에서는
둥근 파문을 그리며
마냥 크게 퍼진다.

이파리에 앉고
풀에 얹히고
비가
가늘어 보이지 않게

산야에도
밭에도

퍼져가는 새 소망의
고운 나래를 펴고
곳곳이
기름지게 내린다.

저 언덕에 저 집에

내가 사랑하는 겨레가 있다.
오늘도
호수같은 푸른 눈동자 껌벅이며
숨 가쁜 비탈에서
쓰러져 가는 판잣집에 사는 겨레의 호흡이
있다.

어느 오후
코발트 빛 하늘이 열린 날
다시 동공을 이끄는
내 마음, 한 마리 비둘기가 되고
무한한 공간 속 푸른 자유가
마냥 자유롭게 허공에 선을 긋는다.

오늘 3월 비 내리던
푸른 풀숲 비탈에
함초롬히 즐비한 소망의 터전

소낙비 천둥 울던 그 날에도
저 언덕에서 묵묵히 버텨내는
그대들 소망의 탑도 있고

아!
파란 하늘 아래 자유로운
마음속 비둘기의 회유를 느껴보라

작은 겨레여!
나무들 비탈에 섰을지라도
모질게 움 트는 앞날의 싹이 있는데

여기 내가 사랑하는 겨레가 있다.
꽃동네 초록 마을 비탈 언덕에서
쓰러져 가나 소망의 탑 위
자유로운 비둘기의 꿈을 먹고 사는
겨레의 호흡이 있다.

저 언덕에
저 집에.

* 1973. 고 2 시절, 국어시간 시 짓기 시간에 낭송한 시.
* 교실 창 밖 산비탈의 판잣집들을 보고 지음.

계단을 내려가며

계단을 내리며
발을 멈추지 않을 수 없다.
혼은 계단 위에 서고 육은 걸으며
한 발자국을 또 내려가면
혼이 육의 목덜미를 놓지 않는다.

어린 지식
생활과 동떨어진 허상이
고이 붕괴되고,
삼켜도 또 씹어도
미립자 되어 출몰하는 무수한 물음표들

이 정오에
도서관을 오는, 첨단을 잡으려는
생활에의 굴레를
사탄 아닌 사탄이
혼을 찢는다.
육을 정신병자로 유혹한다.

중년 국어 선생님도,
박테리아 같은 문명의
협소한 산복도로인 20세기의 부산
내 나라에도
아시아와 지구가
마음속의 장난감이 되며
온 모두가 내 머리의 비듬이 될 때
손은 시간이 되어 머리를 긁는다.

국토를 위해

자! 누가 나오리.
선의를 가져도 교만해서는 안 되느니
국토에 삽을 댈 사람이 누구인가.

자! 누가 나서리.
천재의 재능만으로 안 되느니
건강한 자의 팔뚝만으로 안 되느니
온유한 자의 양심만으로 안 되느니
겸손한 자의 오기만으로 안 되느니
국토를 국토로 여기기는 쉽고도 어렵다.

자! 누가 나서리.
독선과 개인만으로는 안 되느니
누가 손을 내밀리.

오늘도 신세계의 이 아침과 하루가
나를 위한 것이라고 외쳐 보라!
국토를 사랑하는 것이 얼마나 큰 것인가를

자! 누가 나서리.
이 모든 대나무밭을 지나
아직도 동녘 그 여명의 신비를 뚫고 나가
어느 겨레가 겨레에게 외쳐라!
영광된 조국의 국토 위에.

소풍날

개울 건너
10월의 논벌
호수 빛 하늘 아래
나락을 널고 있는 할머니
훑고 있는 지아비의 낯빛

단감 나무엔
잎 지는 소리
밤을 까는 지어미의 손길

부스럭 부스럭 속삭임에
젖 물린
어미 소의 외마디 기별

사르르 몰려왔다
우수수 가 버리는 풍경

향토 이십 리

* 1973. 고 2 가을 소풍날.

초저녁

해바라기는
낮 동안의 긴 작업에 넓적한 손들을
바람에 떨고
해는 저물어
이제 하루의 여운이 고요히 쌓이면

엷은 보랏빛 하늘에
간간이 새들은 바삐 집을 찾아가고
산과 들판이 시야에 검게 들어찰 즈음
이제 해바라기는 푸른빛으로 물들었네요.
그리곤 차츰 검게,
검은 몸부림을 바람 속에 부르르
떨고 있으면

정처 없는 명상이 다시 또 찾아오구나.
박쥐는 허공을 배회하고
하루의 번뇌와 희열이 섞이고
알알이 맺힌 해바라기 씨앗들, 내 생각의 실마리들
죽어만 가는 것만 같아도 살아가는 대견함
오늘 하루도 해바라기처럼 지냈나보다.

바다가 보이는 시월

태초부터 내려 고인 연륜의 채색일까
역사의 영겁을 감싸 쥔
어느 영묘가 드리운 뜨락일까
질펀히 푸른 젊음이 바다 새 마냥 회유하는
시월의 바다

국초부터 구비구비 세파의 여울 속에
흘러 가버린 인걸의 넋이 아른거리지만,

신시로 우로가 내리고
첫 봄빛 왕검성에 온 누리 꽃 피고 새 울며
시월 햇살 아래 오곡이 풍성할 때
단군님 말씀이 스며든 그날의 고요한 울림

바다가 보이는 시월의 산비탈에서
다시금 피어나는 그날, 머나먼 동경이여
우리 오늘 여기에
시월의 바다에 반짝이는 묵시를 받아

오늘도
내일도
이 바다는 해를 품어주고
무수한 별들이 내려오고
내리리라.

* 1973. 10. 9. 고교 2학년, 교내 한글날 백일장, 참방작.

가을 동산에서

억새풀이 무성한
이 무덤

누구인가
사무치는 제단에는
꽃
꽃이 없구나

쓰러진 검정 비석
까마귀는 그 위에서
세 번 울었어라

억새는
바람에 흔들리고
하늘엔
소리개 한 마리
맴돌고 있다.

지친, 긴
좁은 외길에 도토리
떨어질 때

임은 사무친 가슴에
몇 줄기 국화를 들고
가시덤불 헤치며
오려나, 오시려나.

12월의 꿈

해는 솟구칠 것이다.
피 묻은 용이 피를 토하던
그 물로

피 비늘은 번득이며
찬찬히 먼 남국
무의식의 공간으로 떠내려 갈 것이다.

아 10년 전 해도
심장에서 눈동자로 오른다.
그 물에
온 사람이 발가벗고 멱을 감고
징치고 유희를 하고 있다.

해는 열사에 불꽃 튀는 사우디아라비아
적도에 춤추는 킬리만자로의 눈
베토벤의 운명과 슈베르트의 아베마리아
온 즈믄 것에 살고 온다.

아 해야 솟구쳐라.
물을 데워다오.
멱 감기 전 - 사람의 피가 녹아 버리도록
타버리도록

해야.

* 1973. 학생회보 제10호, 제2면.

제4부

풀들을 위한 노래

안개 낀 포플러 숲

저 포플러 숲 속의 연한 안개는 잎들에
가을을 몰고 아침을 맞는다.
동양의 그윽함이 그곳에 머물러 아득한 깊이로
그 속을 알 수 없다.
그곳엔 품위 있는 극상極上의 손짓
영원이란 것이
신선한 숨결이
그 선함이
시리도록 또록한 감성인 것, 영감인 것
고요한 호흡처럼 나의 생명과 우리의 생명이 오는 -
원초의 고원
아 눈 뜨는 영혼이 성숙하는 새벽 순간에.

* 1976. 10월 초순.
* 논산훈련소에서 아침 기상 후.

풀밭

풀밭은 늘 노동 후
안식을 주는 편히 쉬는 처소
풀벌레 소리는 심혼을 씻기고
한없이 무아로 내려 앉는다.
아, 연둣빛이여.
다함없는 안식의 품 안인가?
잎이 달린 가을 가지의 뻗치운 헐거움은
그 가녀린 소규모의 치켜 오른 설킴은
우윳빛 가을 하늘 너머 계신
보좌寶座를 향한
어느 구도求道련가.
나의 시, 너의 시, 소년의 시
마음의 밝은 정오는 소년의 것
자, 마음으로 기억하라.
잊어 버려라. 노래하라.

* 1976. 10. 11(월).
* 논산훈련소 훈련병 시절, 10분 휴식시간에.

코스모스

꿀을 빨아먹는 화분花粉 위의 벌들
가녀린 미풍에 꽃은 살아서 우리보단 낫다.
그 핵심엔 노오란 향로, 분향의 제단
그 작은 영혼은 꽃그늘 되어
밤 별의 선한 눈동자에 안식을 얻은
순수한 투영投影
꽃과 가을 벌의 유열愉悅
가을 오후에 거대한 하늘과 살빛 사잇길엔
햇살로 평화롭다.

* 1976. 10월. 논산훈련소 훈련병 시절.

깨끗한 분열

뇌리는 또한 새 차원에 있다.
원숙을 위한 애착
망설임은
입안 달콤한 사탕을 바숴 먹는다.
나라는 존재
도가니 안으로 쳐진 거미줄과 그 고적
자유하는 시간이란
내가 소경이 되는 잠적에서만
내가 나를 지키는.

* 1976. 12. 31. 춘천 101 야전병원에서.

북두칠성과 북극성

Ⅰ.

이른 새벽
북두칠성을 우러러보게 되었다.
한 번 또 한 번
생의 북극성을 찾아내게 되었다.
이 새해
쌍칠 년에는
하얀 옷을 내 안에 단장하여
곱거나
혹은 좋은 사람과의 새해 인사를 나눌 때 마냥
그런 마음으로
나를 가꾸고
이웃을 찾아서
긴 목으로 향하는 그 빛의 출구로
흔쾌한 노래도 하자.

Ⅱ.

새해에는
마음이 포도주로 채워진다.

어떤 감정이나 그 감화가
우리의 얼굴을 순전케 한
그 작은 기적을 겪거나 보듯
목숨까지 바칠 듯한
용기가 샘솟는
새로 맞는 선함을 향한 삶의 기쁨이 움트는 것은
앞날의 사랑과 오늘의 이 추위 까닭인가?

짙은 포도주에 취해
내가 사라지는 새해에는.

III.
생애의 기름을 씁니다.
산은 맥으로
동에서라도 서에서라도
일곱 개의 별들 또한 그러니 고향의 밤처럼
이웃과 당신의 슬픔조차 삭이어 줄 듯합니다.

Ⅳ.
모든 뇌수에 고인 고뇌란
다정스럽다. 내 몸의 환부처럼

겨울나무는 한없이 청고하다.
공중은 청람빛의 날쌘 마른 조랑말이 설산을 넘는
풍경으로 까치는 집을 짓고
언 들판에서 어울려 사는 작은 겨울새들의 퍼득임을
보라.

* 1977. 1. 1. 춘천 101 야전병원에서.

들에 핀 장미화

이 세상에
전쟁이 없는 날은
장님이 되리라.
귀머거리에
벙어리가 되리라.
당신 또한 활자처럼 평안하리라.
나는 무덤 속으로 내려앉아
참 안식을 얻으리라.
이 날은
춥지 않고 배고프지 않고 아프지도 않으리니
오시라요.
겨울 까치의 기도를 응답하시라요.

* 1977. 1. 29. 춘천 101 야전병원에서.

병실

그 온기 하나로
하나님의 손길로 그 입김과 낯빛의
대낮으로
봄은 마른 가지에 푸른 아기로 안기어
환한 실내악
병은 침대 위에서 사귀어진다.

아픔이 치유의 기적을 기다리며
젖은 눈매 부을 때
우리의 제물
보배로운 마음이여
설익은 잠에 놀라 그 흑암
안식을 느껴워합니다.
오직 그 젖빛 그 꿀빛 사랑을.

* 1977. 1월. 춘천 101 야전병원에서.

메모

나에의 천 길로 침잠된 침착과 평정
우리의 마음이 선명히 조준될 때
사물이 지극한 아름다움으로 선할 때
시간 위에 서있는 온갖 것들은 지나가 버리나
의식은 치열하게 정조준된다.
생명 총기 안에 의식의 총알만이 장전되면
우리의 선함은 어떠한 악함도 이기고,
우리의 침묵은 공포를 이긴다.

* 1977. 6월. 7사단 7500부대, C포대에서.

유월의 휴식 시간

옛 전장의 하늘엔 중세기의 합주 섞인
조화로운 구름 흐르고
산으로 정령은 숲을 거닐어
거대한 햇살을 키우는 생명의 잔털
실로 음지로 오는, 무명의 억센 들풀을
질러 오가는 향훈의 바람 너머
고지의 초지는 깊은 침묵이 흐른다.
물소리, 바윗덩이나 그 진흙 속의
내실內室엔 하얀 미묘한 얼게
위대한 뿌리털의 세상
그곳 지렁이나 개미의 노동만큼
심령이여, 부디……
하루가 곤비해도
'일과 끝'으로 보상된다.
내가 키우는 무명의 식물이여
지금 산하에 총성 울려도
햇발 받듯 물기 머금은 듯 양지로 음지로
뻗어 가는가!
아, 눈부셔, 햇살은 건강하여
유월의 진지를 풍성하게 한다.

* 1977. 6월. 7사단 7500부대, C포대에서.

풀들을 위한 노래

– 먼 이국 무명 용사를 위한 추모 노래

1

지구의 어느 구석이라도 풀은 자라고
마치 땅 위 모든 사람을 인류라 하듯
시인과 정원사 그리고 우리의 조상들은
수많은 꽃들에 성함을 내려 주셨다.
향기로운 시계視界를 가꾸려는
세상의 모든 작업은 값나가는 것
예나 지금이나,
실로 꽃 풀엔 신의 정령과 그들의 담화 거리
고원한 시의 뮤즈까지 깃을 내렸으니
세상의 모든 사람들 중 배우, 코미디언, 거부……
학자, 시인, 탐험가이듯 혹은 농부와 그 딸애의 사랑 얘기
이듯
이 거대한 대응을 나는 아네.

2.

인류 앞에서
먼 이국의 평화를 수호하려했던 고귀한 넋이여
무명의 풀들은 건강하고
억세고 또는 연하디연하기도 하지만
이 땅 위에 온갖 계절을 풍요하게 하고
그대들 영혼 하늘나라 영생으로 빛난다.
그러나 풀들의 울음은 구슬프리라.
다시는 볼 수 없는 그대들 모습……
풀벌레는 그대들의 동료다.
어느 구석 어느 땅 틈서리에서도
침묵과 예비된 고뇌 앞에 어느 희열을 장만하기 위한
친구들의 연주는
밤이나 낮이나 항상 멋으로 찼다.

3.
풀잎에 반짝이는 이슬 우주
이른 아침을 대면하는 마음 움직임
이 땅에서도 성자聖者의 초막은 산그늘 속에
흔하지는 않지만……
세상은 에덴에의 그림자 되어
오늘 유월의 산자락에 풀잎들 풍성하다.
빈 들의 풀들과 함께
냇가는 종알거리며
가재는 순수한 서식을 기한다.
그 옛날 포성과 총성 속에서
아득한 핏빛 신음은
청년에의 그 정열이자, 하얀 평화 수호의 비둘기
그대들, 밀알처럼 땅에 심기워 이제 많은 열매를 맺어
돌덩어리로 엉기운 순전한 무명 용사의 충정으로
이젠 풀들 무성한 산비탈 풀섶 속에 용사의 초막이 되니
지금 산하는 평강에의 은총으로 그 향기 그윽하다.
오뉴월 부푸는 뭉게구름 속으로
이름 모를 먼 이국의 젊은이여
하늘의 영상으로 우리 마음을 북돋우세요.

* 1977. 6. 17(금). 7사단 7500부대, C포대.
* 무명용사 묘 추모식에서 대표로 낭송한 자작시.

제5부

눈물 꽃 속 그 빛살 무지개

나팔꽃

이른 가을 아침에
꽃밭은 춤추고 노래하네
색다른 얼굴을 내밀고
들릴 듯 웃고 있다.

손바닥을 자랑하듯
흔들며
아침의 평화가 깃든
청아한 이슬에는
말없는 동화가 담겨져 있다.

활기찬 합창이 들려온다.
땅은 비밀을 담고
연한 줄기에 생기가 흐르듯
꽃 바퀴로 울려 감도는
신비로운 음률……

알지 못하는 옛 동경으로
가슴이 차는 듯하고
찬란한 하늘로
나팔꽃은
하나님의 영광을 선포하고 있다.

한밤이면

한밤이면 내가 나를 거울로 보듯
그런 혼자의 밤이면
포근한 만족감으로 충만합니다.

누군가 마음하고 내장을 씻기고
머릿속을 말갛게 닦아내었습니다.
어머니의 정성으로

나의 천사하고 가브리엘님의 무희는
아름답습니다.
여태껏 나를 수호해주신 거룩하신
얼굴과 눈빛 그리고
그 손길과
날개의 수려함

한밤이면 목이 길어지고 여위어 가는
동정童貞의 시간
한없는 고요, 누구의 품 안……
깨끗함 만족감으로 충족합니다.

새벽과 아침이 하루의 시작입니다.
밤에 씻은 이마 하고
글로 드린 기도로써
나의 날개로 삼고,
영혼의 근육으로 삼겠습니다.

너를 위한 서곡

기도드리며 미소 머금은 너의 옆모습
거룩한 것
마리아의 그리매처럼
이 침묵으로 표현하는 너를 향한 언어
그리스도가 피로써 위해 주셨듯
너를 위해 주고 싶다.
이런 우리를 위해 뜨거운 시간이 주어진다면
이 하나의 품 안으로
세상에서 가장 거룩한 일에 그 붉은 피의 정념으로
그리스도처럼 살고 싶다.
그래서 너를 위해 주고 싶다.

나의 노래

주인에의 믿음이 들음에서 오듯
나의 뇌리에 풍요로운 모든 은혜는
시를 옷 입어야 하나,
진기하고 값진 것, 참 보배는
정신 속에서 서식한다.
이것이 나의 시작詩作의 처음
그 끝은 아직 몰라 ……
가장 확실하고 온전한 그리고 영감으로
생명이 영생이 되는 맑은 샘을 흐르게 하는
찬미의 노래를
일생과 영원 간에 부르고 싶다.

* 1977. 22세.

나의 길

9월에 이마에 와 닿는 바람이여.
나의 길을 가늠하는 명석을 덧나게 하라
삶에는 두 가지 길이
다 견고하고 진실되어 나를 부른다.
이 선택을 나의 결단만으로 안 되느니
생명의 임자의 긍휼에 맡겨야 하는 것이다.
나를 불사르는 그곳 뒤엔
소년과 소녀 그리고 어린이들의 깨끗한 웃음소리
이러한 사랑으로
나의 작은 생명의 던짐과 봉헌이
주인께 긍휼을 족히 얻게 하라.

비가 오고 바람 불어

비가 오고 바람 불어 갈 길은 암담해도
내 아버지 의지하여 용감무쌍히 달려가리
어느 누가 막으리요 이 참 효도 섬김의 행진을
나 믿노라, 아버지의 크신 권능과 도우심을

비가 오고 바람 불어 내 앞길이 캄캄해도
신실하신 참 아버지 날 이끄시네
무엇이 두려우리요 이 사명 안고 가는 길에
나 믿노라, 아버지의 놀라운 사랑과 자비하심을.

출산

나는 무인無人의 황지荒地
그 돌밭 위에 무릎을 꿇어야 한다.

언제까지나 빈 하늘에 마른천둥 치고
밤, 하늘과 땅의 고립에서
아가의 벌거숭이로 울음 우는 나의 혼령

모든 것을 이 풍우의 노도怒濤에 버려야 할까
소중한 우리의 연연함
도립倒立 허상의 재능
그래서 나는 무릎을 꿇어야 한다.

바람에게 피와 살이 빼앗긴 화석이 되지 않으려
우리의 황지, 나의 돌밭 위
고독이 견고한 이 지상에서는
나는 무릎을 꿇어야 한다.

양洋이라네

앞날은 알 수 없네
나는 변하고
그러기에 더욱 그 날을 예상할 수 없네
그러나 하나 오직
아는 것 이것이니
푸른 초장草場 맑은 시냇가
아름다운 녹음방초 동산에
양이라네

나의 잠이 달콤하네
사랑의 품 안에서
나 또한 평강을 품으며
내일 위해 편히 쉬네
오늘이 그날이며 또 속히 그날도 오리니
나는 양이라네.

사랑

꺼져가는 심지라도 그 마지막 몸부림이
그렇게도 감사한 것은 사랑이 있기 때문입니다.
일생이 안개처럼 지워지더라도
그 마지막 몸부림 사이에 나를 담그셔서
영생을 주시어요.
그리움과 고난과 불운조차 모든 성공이라도
사랑에 비견하진 못해요.
나로 나를 씻겨 사랑에 담그셔요. 오직.

* 1978. 1월.

눈물

밤과 하늘은 예전 그대로인데
지난 하루도 낮과 바람, 겨울 그것이었는데
젊은 숫양 한 마리의 울음과 그 뜻은
하늘 아래 운명으로 기도드려야 하나

상한 응어리는 모두 나의 가슴에 있으니
할 일은 단 하나 분명한 것이고
오늘과 내일, 지상과 하늘 사이 당신의 손짓
이리도 나는 희열에 겨워 눈물 닦고 웃을 수 있는 데.

* 1978. 1월.

밤의 소곡

밤 그늘로 들어설수록
눈이 시원스레 밝아지고
항상 느슨해지는 허리띠가
일상을 얼래고 있는 시간
하나에서 열까지 할 일이 쌓여 가지만
나는 소란스레 살아난다.

눈앞에 보이는 게
다 내 꾸민 이야기 같아
언뜻 언뜻 소리지르는 내 속의 나
물상들은 항상 제자리에서 의미를 기다리는데

밤 그늘 고즈넉한 나의 구도,
그 새로운 작업에
오히려 시간들이 질서를 잃어버리고
별도 빛을 내며 이 금요일을 안다.

철야기도의 다짐을 풀어 버릴까
이 뜬 눈으로는 내 나이도
못 헤아리기도 하지만

밤 풍경이 예민하게 보이는 장소에서
물에 씻기는 깊은 밤의 기도
밤이라도 별빛은 졸지 아니한다.

* 1978.

한낮의 단상

정오 무렵
건널목 철로는 반짝인다.
이런저런 사람들은 어깨를 나란히 하고
건널목을 오가며 온갖 사연을 빚는다.
이 도시 골목시장에서도
군상들은 삶의 잔치에 참여한다.

나에게서의 성실한 희망이
견고한 의지와 함께 담처럼 무너질 때,
철길과 골목시장의 파노라마 속에는
이 집 저 집,
또 다른 세상의 이야기들이 꿰뚫어 보이고
작은 아픔이야 더 큰 아픔으로 낫게 된다.

밤이면
누구에게나
명예도
행복도
예술도
한 번씩 죽는 시간으로 돌아다닐 텐데

나의 정신이여
그 주인이여
낮을 부유했던 그 한 비둘기.

* 1978.

주님의 사랑

주님, 저를 다스려 주셔요.
진실하고
무엇보다 주님의 사랑을 주셔요.
어떠한 어려운 일들이 나의 마음을 괴롭혀도
그 사랑으로 인하여 이기고
그 사랑으로 사랑하는 사람을 사랑하고
어떠한 사람도 용납하고 아끼도록 해주셔요.

* 1979. 5월.

어느 마리아

그 임은 견고한 어머니
아픈 나래를 빚어 주신 영원하신 성모
하늘 끝에서라도 피어날
내 꿈의 불꽃을 간직하여
천국에서까지 나를 변호해주실
지상의 여인

탕자는 미아처럼 방황하지만
땅에서도 그윽한 구별된 뜨락에서
나를 부르시는 정중동의 미소, 그 손짓

맑은 낮엔
모발이 흩날리는 바람 속의 이마인데
하 많은 사람보다 내 길에 자갈밭을 놓으시다.

밤마다 입상의 영혼 위에 별이 뜨고
말문을 여시는 별빛을 듣는데
사뭇 한 생명은 걸리겠다.
뼈와 피의 기구祈求도 고난 길 높은 기슭 이끼일 뿐
지상에서는 언제나 지상인 것을.

* 1979.

산하와 하늘

7월이면 무더운 여름
교외선을 타고 산하를 지난다.
창밖엔 푸른 전원
정겨운 마을과 수림樹林의 풍경

차창에는 작은 마리아들의 눈 그리매
산하도 흐른다.
산은 햇빛과 풍운의 이력을 안은 태고의 근육

노아의 아라랏산은
새 하늘이 열린 생명의 산이고
아브라함의 모리아산은 순종의 산이며
모세의 시내산은 율법의 산이고
우리 주님의 산은 축복의 산인데

강은 수천년 산하의 맥박으로
하늘과 구름의 궁창이려니

보급열차 속에서 산하와 하늘
초원의 빛은
내 영혼의 하늘에 메아리치는
천혜天惠의 묵시인데

이것은 더불어 겨레붙이로서의 생명과 환희
그리고 인종忍從이고
또한 땅에서의 위로와 사랑이요
마리아馬里雅, 나의 마리아를 생각나게 한다.

열차는 가스와 암흑의 터널을 지난다.
짧고 때로 기다란 두려움과 인내의 세월
나와 우리의 한 삶도 얼마나 긴 터널을 지나는가
열차는 산하를 질러 종착역으로 가고
나와 우리의 인생도
열차보다 빠르게 섭리의 삶을 살고 있다.

* 1980. 26세.

어느 겨울 아침의 자화상

유리창에 성에가 낀 추운 아침이라도
새해의 기도 같은 마음의 음성이
참참한 샘물의 노래가 되는 잠 깬 첫 시간

겨울 가로수의 고슴도치 머리 위엔
새들도 날아들지 않고, 그런 내 마음의 빈 들에
수년 전 봄에 움텄던 사랑의 눈부신 빛들을
지금 이 겨울 둔덕
새봄을 기다리는 흙 속에 묻히었지요.

때론 무서운 꿈을 꾸는
알 수 없는 꿈의 내용엔 신비와
앞날의 구원을 언약하시는 은총을 믿는
작은 영혼의 믿음이라도
햇살이 말간 겨울 하늘을 부유하는
은빛 비둘기의 비상으로
순화되게 하시어요.

기도같이 시를 사랑하는 마음으로
깊은 밤의 불면도,
그 시각의 회상과 목마름도 간직하며
언젠가는 정갈한 겨울의 정오같이 빛날
내일은 희망의 실상인데 ……
간밤 꿈속에선 시집을 넘기면서
꿈의 노래를 읊조렸는가요.

* 1980. 1월.

눈물 꽃 속 그 빛살 무지개

Ⅰ. 슬픔

인생은 그 허상이 각양 찬란하게 복잡하게
수繡 놓인 귀한 옷감
슬픔의 올실과 고뇌의 실밥, 희망과 끊임없는
희구가 섞갈려 사람마다 유일한 보배를 자아낸다.
그러나, 이 비단결 그림 수 폭은
나만의 솜씨이기에 내가 죽으면 그뿐,
영원으로 사라지고 후세 사람들은 자기 일에만 바쁘다.
그렇다고 그들은 결코 나쁘지 않으며 그들대로 옳다.
그러나, 이 모든 것을 아시는 분 있노니
나의 아버지
주님.

II. 희망

나는 할아버지다. 먼 훗날 나의 손자들이 내 일기를
그들의 고아한 서재에 비치해두고 때로 때때로 읽고
감상하고 탐구하며 나를 아브라함 할아버지라고 부르며,
그땐 이미 나는 영화로운 주님 곁에 있겠지만,
내가 생전에 어떠한 인물로 사명의 푸른 그늘을 이루어
놓을지 모르지만 지금 나는 손자들이 번성하는 미래의
소망을 관망한다.
아! 찬란한 사랑이,
그것이 억센 고난의 여울에서 피어나도.

* 1980. 7월, 26세.

신비한 성좌星座

두 밤별은 엄지와 집게손가락으로 재어진다.
그러나 어디 별에서도 서로는 오갈 수 없는 거리와 공간
오로지 빛의 천사들만이 반짝이며 오가는 5월의 천계天界,
하지만 견우와 직녀 같은 별들은 영롱하게 성좌를 이루어
이미 영원이 된다.
별들은 별로서 동일하지만
프로방스 고원, 목동의 머리 위에서 반짝이는
성인의 전설의 별도 있고
행복한 별들, 슬픈 별들,
정착하지 못하고 꺼져 버리는 유성도 있으니
섭리 속의 성좌는 신비로워라!
그대들 지상에서 그대들의 별자릴 보노라면
마냥 영롱하고 즐겁기를 원하노니
별들과 달도 깊은 밤엔 산 넘어가고 안식을 얻으리라.
내일이면 다른 위치에서 그대들의 별들은 성좌를 이루고
달도 솟고 그대들 지상에 사느니
언젠가 그대들도 전설을 싣고 천계의 성좌로 돌아가고
영원을 살으리라.
선한 사람, 그 지고至高의 아름다운 마음도 영원하리라.

* 1980. 5월. 26세.

당신의 말씀은

귀엔 들리지 않으니
눈에도 마음에도
애오라지 영의 세계 저 멀리서
내가 무엇을 하고 있을까?
날마다 평안히 살아도 휘휘 돌아가는 세상인데
욥처럼 나는 의인도 아닌데
이 파도는 순교도 이웃 사랑의 땀방울도 아닌데
이 속에서라도 들꽃처럼 겸손되이 향기롭고
별떨기처럼 정갈한 행복을 당신은 감추셨나요?
생명의 입김으로 그 기도로 스스로를 읊조리며
내 마음을 가멸차게 하려고 하듯이
이 신념으로 이 소망으로 작은 가슴의 용기로
심정의 붉은 생채기가 신음하는 어느 일상에서도
영혼의 지복至福의 어떠함을 알기에
귀를 모은다. 눈을 비빈다. 마음을 흔든다.

* 1980. 8월.

내 삶의 온전함

내 영혼, 그 덕자德者여!
아예 무디고 둔탁한 감성보단 외려 침묵으로 말하자!
물상 앞에서 인자를 베풀면서 내 영혼을 훈계로 채우며
생명이라면 내 골육 형제부터 도탑게 화락하며
썩기 쉬운 내 혼의 경솔함과 소인다운 조잡성과 신경질 등이
회개로 승화되기 전, 아예 드러나지 않았으면 의연할 것을
내일은 어찌 살아 나가는가.
여기 내 영혼 참삶의 길,
삶 속에 깃들인 희망의 기운을 바라보며
나를 사는 삶의 길, 너를 살게 하는 삶의 길, 우리의 길
내 영혼, 그 덕자가 가야할 길.

* 1980. 8월.

민꽃

천국으로 가는 길엔 민꽃들이 피어났습니다.
꽃 마음 애련으로 그곳에선 낯을 씻습니다.
길손들이 그 길목에 서고 또 섭니다.

풀벌레는 달 뜬 듯 팡파르를 연주합니다.
이때 손님들도 인산인해로 몰려 옵니다.
잔치가 시작되면 풍류마다 내 마당도 흐릅니다.

얼른 '주인님'하고 불러 여쭙니다.
민꽃의 눈물 굴러 저미는 사연을 그토록 벼리십니까?
박토로 된 토기의 거친 매무새 이음매도
여지껏 때우고 다듬으셨는지요?

그러시다면 길손들 춤에 내 장단도 시나브로
청아할는지 저는 모릅니다.

천국으로 가는 길엔 바람에 민꽃들이 흔들립니다.
민꽃들은 말이 없고 그저 마음이 바보입니다.
성일聖日이면 길손들이 그 길목으로 모이고 모입니다.

* 1980. 26세.

그 뜻

바다가 꿈꾸는 뜰은
내 날개가 아스라한 삶을 나는
당신들의 하늘

마지막 애련마저 방황하다
하늘에 안길 때
나는 당신의 불꽃의 씨앗인 것을 압니다.

차라리 애모란 서리찬 빈 들로
당신을 떠나
그렇듯 울다 지쳐 고요히 잠드는 것을
언젠가 거대한 바람이 꽃잎으로 떨구어
황톳길 먼 줄기 따라 토박토박 걸어가는
길손의 마음인데.

* 1980.

제6부

빛이 되어라

빛이 되어라

이제는 빛이 되어라
들판을 가득 채운 푸른빛으로

하늘은 빛들의 고향
여름 장마 후에도 싱그러운 네 영혼
산언덕 무지개가 되어
세상을 아름답게 만드는 빛
빛으로 행하여라

항상 빛이 되어라
너의 영혼으로
온 세상에 사는 사람들의 영혼에
희망을 선사하는

너는 느티나무를 키운다
비바람 모진 한파에도
꽃, 바람, 낙엽, 백설의 사계절을 틔운다
이 순진무구한 너의 생명으로
기쁨, 노래 그리고 꿈을 흩뿌리고
늘 소망으로 소망을 낳는 사람들의 빛
빛 되어 살자

* 1985. 5. 15. 교사시절, 스승의 날 아침에.

Be Light

Now, Become the light
Like the enrichment of which is full of a hard field.

The sky is the home of light
Be have the shape of face, seven brilliant colors
After rainning, becoming so much brilliant rainbow
Which makes a beautiful world.
Live by light, afterwards

Be light always,
Your soul
presenting hope towards the spirits lived
In all the world.

You are growing oak tree
Blooming four seasons
notwithstanding the rain, wind and hard cold.
By your sole vitality
Not losing dream
Always bea hope by hope, be people's light
Be shine your light.

* 앞의 시, '빛이 되어라'를 영역함.

공원

사월은 푸른 초목에서 빛난다.
이제 비둘기는
동상이 된 장군의 어깨와 발치에
평화로운 들러리가 된다.
광장에 오가는 사람들은
비둘기보다 자유롭다.
나는 빛이 되어
천진한 아이의 가슴을 보듬거나
가장 행복한 사람들의 연인이 된다.
삶은 나무처럼 건강하고
나는 하나님께 이 모든 것을 감사드린다.

* 1985. 4월.

푸른 봄의 마음으로

드맑은 푸른 하늘에 온화한 오월
산야에는 신록이 싱그럽게 풍성해져 가면
봄의 미풍이 산들바람 되어 향긋한 내음을
온누리에 날릴 때
눈앞 도회의 건물들
우리가 늘 다니는 길,
학교 운동장도 어떤 생명감으로 친근해지며
사람이 다가가는 것도 아랑곳없이 모이를 줍는 비둘기
두세 마리 제비들 흥부의 운동장인 양 날며
이 오월의 청신함은
청소년의 심성과 같으니
티 없이 맑은 하늘처럼
우리, 마음의 하늘을 가꿉시다.
고결한 꿈을 꾸며 삶의 무대를 삽시다.
자연과 일치를 이루며
푸른 봄에 깃든 신성을 체득하며 사노라면
이 마음에서 평화와 안정된 몸가짐,
용서와 희망, 그리고 찬란한 미래,
큰 꿈이 기다리는 앞날에 맞이하게 될 것이에요.

* 1984. 5. 2. 교무실에서.

설날 연휴

금정산 자락 커피점에서
가족들과 커피를 든다.
겨울 산이 창문 앞에서 우리 가족을 바라본다.
레코드는 옛 전축에서 고전음악을
연주한다.

겨울새들은 하늘에서 파드닥 파드닥
창 너머에서 보였다가 제 길을 갔고
설날 연휴라도
내일은 산 너머에서 손짓하고 있다.

삶은 힘들어도
아름다운 풍경에서 듣는 이 경쾌한 음악처럼
희망이다.
사랑이다.
그리고, 행복이다.

창밖에서 안녕이라고
말씀하시는 분 누구세요?
안녕하세요.
새해 복 많이 받으십시오.

* 2012. 설날.

가을비

노랑 연두 브라운색
자주 빛깔 단풍색은
가을비에 더욱 진하고

비바람에 한 움큼씩
삐라가 되어
긴 머무름을 떠나는 잎들

새들도 헐거운 가지 위 잎들 속에서
지나가는 가을을 노래하며

가을비 속에선
잎들은 대지의 품속에서 안식하고
새들은 둥지를 찾아
가을을 읊조린다.

* 2009. 11. 10.

만리향

가을비에 만리향은
꽃비 되어 감빛 눈 꽃밭을 만들고

따사로운 시월 햇발에서는
지나가던 걸음 멈추고
누구의 향기인가
잊었던 그리움
추억으로 뒤돌아보니

빛이신 당신이
꽃향기로
생명의 이슬비이신 당신이
꽃비로

가을에는
가던 걸음 멈추고
돌아보게 하시며

감빛 눈 꽃밭에서
어린이처럼 기뻐하게 하신다.

* 2010. 가을.

아침 강변에서

강물은 아침 햇살에 깨어
하구로 흐르는 차분한 숨결로 번득이고

강변 트랙킹 길에
오가는 사람들 시선
가을 전어들이 첨벙 소리를 내면

수영강 물결 위 현란한 빛 여울
내 마음 고요한 환희의 둥근 물무늬로 일렁이며

바람결 어루만지니
금세 베드로 일백오십세 마리의
고기떼로 노니다가
이내 형언할 수 없는 묵시의 파동으로 흐른다.

가을 구름 사이 아침 햇살
강물 위 왜가리 날갯짓 비상으로
내 마음 강물 되어 흐를 때

강물은 이미 대답을 알고 있었구나.

* 2013. 9. 22.

성탄

정신을 가다듬는 시간이다.
성탄발표 연극시간, 톨스토이 연극이다.
마음을 다스리는 시간이다.
정신을 가다듬고 마음을 다스리면
내 영혼,
주님의 구원을 느낀다.

* 2008. 12. 24.

말씀을 들을 때

말씀을 들을 때
쉼이 있게 하소서.

고뇌와 답답함이
녹아내리고

안식이,
문제를 내려놓음으로 해결되는
평안이 있게 하소서.

* 2009. 7. 5.

성가 연습

주님께서는 우리에게
몸을 악기로 주셨으니

파트별 음은 모아져
하나의 새로운 하모니가 되고
다른 음질조차 이렇게 하나가 되니

땅에서 부르는 노래나 허밍이나
정녕 하늘에서 내려오는 곡조 같고

가사 따라가는 화음과 함께
가사대로 가사가 현실이 될 듯
하나 되는 공동체

그대 눈 감으면 하늘에서 내리는 평화
연습이지만 그 부스러기도 가치롭고
하늘을 맛보구나.

* 2010. 10. 10.

국내선 비행기

비행기가 이륙할 때면
한 마리 새처럼
이 방향 저 방향
굽이굽이 산의 근육들

오직 하늘에서만 볼 수 있는
도회의 아파트 숲들, 집들의 컬러풀한 외투
저수지며, 강줄기도

아침 햇빛에 몸을 낮게 드리운 운무
구름 산맥으로 빛나고
한 번씩 탈 때면 누리는
하늘길 풍경

마음으로 그려 보는
눈 뜬 천로역정天路歷程
때로 이상기류로 이리저리 흔들려도
한결같이 목적지로 가는데

땅에 사는 생애이나
가끔 누리는 복락
시 한 수로 가는 상경 길, 하늘길

내 생애도
늘 하늘 꿈 간직하며
멋진 기도 시 남기는 생애 되었으면

* 2010. 12. 8.

어머니

김해평야 드넓은 들판의 품 안
손톱에 봉숭아 물들이며
티 없이 살아오신 어머니이신데

이제 어머니의 사랑은
길모퉁이 홀로 선 고목처럼
몸과 마음의 생채기마저 다 잊으시고

노을 진 거리에 휘어진 허리
어머니를 부끄러워하지 않습니다.

어머니의 유산
그 보물은 눈물 보석
호박꽃 닮은 순박한 웃음
우린 이제야 울 줄 아는 사람들이 되고
웃을 줄 아는 사람들이 되었습니다.

우리 남은 보답은
어머니를 위한 기도이고
다시 일어서는 용기입니다.

남은 세월
다함없는 행복한 모성으로
어머니의 길 다 이루소서.

* 2013. 1. 4.

작은 전설

박 목사님!
당신의 생애는 고운 성화聖畵와 같습니다.

또래 중 가장 어질고 영성이 뛰어난 청년으로
우리 중에 모범이 되셨던 분

착하고 순결한 영혼에게 주신
목자의 사명을 다하려고

찌르는 가시인 지병을 안고
수많은 고통 속에서도
목숨을 촛불처럼 소진하며
한 길을 가신 어질고 착한 목자!

당신은 구걸하거나
함부로 남에게 손 내밀지 않았던
우리 시대의 성자이며,
참 목회자

이제 당신은
찬란한 천국의 별꽃이 되어 웃고 있느니

천국의 복락 속에 안식하소서!
당신을 존경하고, 사랑합니다.

* 2009. 12. 6.

작은 사랑

우리 동네는
옛적 유대나라
가난한 나사렛 마을을 닮은 듯

산비탈 허리
좁은 골목길 굽이돌면
고단하나 착한 이웃들

산마루 언덕에 서면
자주 코 끝 찡해오고
산허리 꼬불해도 개천에서 용도 나며

조용한 메아리 들리 듯
마을 사람들을 사랑하라!
너희 몸 처럼

눈물을 멈춘 이유
내가 살아갈 앞날.

* 2012. 12월.

이제 남은 세월이

봄비 촉촉이 내리던 소리 들으며
살아갈 많은 날 동안
앞일 알지 못하나 기대와 소망으로
벅찼던 날이 떠오르누나

알타반 박사처럼 이러저리 잃어버린 세월들
이젠 하루하루 나날이 계수되어지며
남은 삶의 여울마다
진실한 삶의 족적 무엇을 남길 것인가?

손양원 목사님 사랑 길 따라
주기철 목사님 의의 길 따라
신앙 실천의 날도 그리 많지 않구나

오! 아버지
그래도 서두르지 않고
처음 많은 세월들에 가슴 부풀었던 그 마음으로
시인처럼, 철학자처럼
구도자 되어 허허롭게
오롯이 생명의 불 지펴가게 하소서.

* 2015. 12. 25.

학교는

학교는
건물이 아닙니다.
선생님이 학교입니다.
그 분의 푸른 그늘 아래
학생들과 함께 참된 배움이 싹트는 곳
그곳이 운동장이든
푸른 잔디밭, 꽃나무 그늘이듯
그곳이 학교입니다.
옛적 소크라테스의 발길이 머문 골목길처럼
인간의 스승이 계신 곳
지식과 지혜의 현자가 계신 곳
이 학교에 나는 오늘도 등교하노니.

* 2016. 6. 10. 스승의 날에.

School

School isn't
A building itself.
Teacher is like a school.
Under the green shadow made by him
Where true learning come to bloom with students is,
There is a school.
It would be a playground,
green lawn, and also the shadow of flowering trees.
It's just like an alleyway old days
through which Socrates would go and come on foot.
Where a master of human is,
Where a wise man of knowledge and wisdom resides,
I would want to go this school today.

* 2016. 6. 10. '학교는' 시를 영역함.

곶자왈 아침 숲에서

1.
아름다운 제주에 와서 아침 숲속 걸어보네
곶자왈 숲의 신비로움 올레길의 아름다움
아침 새의 즐거운 노래, 함께 불러 기쁨 누리네
즐거움이 넘치는 낙원, 제주도에 찾아온 기쁨

우리들의 희망의 노래 앞날의 꿈을 나누며
우리 함께 노래 부르자 찬란한 꿈과 희망을
아름다운 이 땅에 나서 우리 더불어 사는 친구들
즐거움이 가득 차도다 행복함이 넘치는도다.

2.
아름다운 제주에 와서 주님의 솜씨 바라보네
곶자왈 숲의 신비로움 올레길의 아름다움
아침 새의 즐거운 노래, 함께 불러 기쁨 누리네
즐거움이 넘치는 낙원, 제주도를 찾아온 기쁨

우리들의 희망의 노래 앞날의 꿈을 나누며
우리 함께 노래 부르자 앞날의 꿈과 희망을
아름다운 이 땅에 나서 주님 뜻대로 사는 이 생애
즐거움이 가득 차도다 행복함이 넘치는도다.

* 2015. 5월. 제주도 수학여행 인솔 때.
* 곶자왈은 제주도 방언에서 '가시덤불이 이룬 숲'이란 뜻.

곶자왈 아침 숲에서

작사 작곡 최만공

* 악보화 작업, 박미선 음악선생님(양운고)

장산의 봄날

봄비로 물 불어난 장산 가는 길
시냇물 흐르는 소리
봄바람 흐르는 소리
귓가에 맴돌아 화음 이루고

초봄 빛살에 젖은 개울가 둔덕엔
갓 피어나는 쑥들
파릇한 잔디들
봄이 오는 길 조화로 싱그러우니

먼 하늘 산봉우리
구름도 한가롭고
아직 성긴 소나무 숲
풀섶빛으로 반짝이진 않으나

춘삼월 솔향이여!
꽃샘 가고나면 지천으로 꽃들의 어울림
기다리는 마음, 그 넓고 높은 산울림으로
올해 봄도 산에서 노래하려무나.

* 2016. 3. 9(수), 장산 산책 중.

새아침이 밝았네

새아침이 밝았네 온 누리에 찬란한 햇살
푸른 꿈 젊은이여 힘차게 출발하자
마음속 푸른 꿈은 앞날의 희망일세
용기와 성실, 인내 사랑 찬란한 꿈을 향해.

* 2016. 1. 21. 새해 새 꿈으로 학생들을 위한 노래 지음.

시의 길, 신앙의 길

임종성
(문학평론가, 문학박사)

시는 다분히 역설의 의미를 내장하고 있다.

뿌리가 곧 가지가 되고, 죽음이 곧 삶이 되는 원리를 구비하고 있으며, 뿌리가 없으면 가지가 없고, 가지가 없는 뿌리는 있을 수 없다.

죽음이 없는 삶은 그 의미가 주어져 있지 않고, 삶이 없는 죽음은 죽음이 아니다. 태어남이 곧 죽음의 시초(As soon as man is from he beings to die)인 것이다.

뿌리의 연장이 가지이며, 삶의 연장이 죽음이다.

그런데 신앙이란 뿌리에서 가지로 가는 동안 만나게 되는 건널목 같은 것이 아닌가 한다.

신앙은 신으로부터의 선물인 것이다.

이러한 단편적인 생각에 따라 최만공 시인의 첫 시집 『신비한 성좌』를 깊이 읽어 보기로 한다.

아마, 나의 이것은 영원할 것입니다
영원히 이 향기가 타인의 심금에

맺히게 하여 주십시오.　　　　　「어느 기도」 부분

우리가 호흡하는 것과 같은 기도는 낮은 자리에 내려가 작은 것들을 사랑하는 일이다.

사람은 물론 새나 짐승들, 생명에 속한 것들을 아무 조건 없이 사랑하는 것이 기도 하는 일이다.

〈영원히 이 향기가 타인의 심금에 맺히게 하여 주십시오〉라고 시의 화자는 두 손을 모으고 있으며, 이러한 기도는 곧 노래와 이어진다.

주인에의 믿음이 들음에서 오듯
나의 뇌리에 풍요로운 모든 은혜는
시를 옷 입어야 하나,
진기하고 값진 것, 참 보배는
정신 속에서 서식한다
이것이 나의 詩作의 처음
그 끝은 아직 몰라…
가장 확실하고 온전한 그리고 영감으로
생명이 영생이 되는 맑은 샘을 흐르게 하는
찬미의 노래
일생과 영원 간에 부르고 싶다.　　　「나의 노래」 전문

노래는 정신을 매혹시키는 작용을 한다. 이 시의 화자는 〈가장 확실하고 온전한 그리고 영감으로/생명이 영생이 되는 맑은 샘을 흐르게 하는/ 찬미의 노래〉를 부르고 싶어 한다.

그런데 노래한다는 것은 소망하는 것과 다르지 않다.

비가 온다
자꾸 온다
밭에도 산야에도 내린다

하늘을 보면 보이지 않고
처마에서 떨어진다

물 위에서는
둥근 파문을 그리며
마냥 크게 퍼진다

이파리에 앉고
풀에 얹히고
비가
가늘어 보이지 않게

산야에도
밭에도

퍼져 가는 새 소망의
고운 나래를 펴고
곳곳이
기름지게 내린다. 「비」 전문

메마른 땅에 비가 내리는 것은 축복이다. 〈퍼져 가는 새 소망의/고운 나래를 펴고/곳곳이/ 기름지게 내린다〉는 행간은 풍요의 의미를 낳는다.

이러한 풍요는 밤낮을 가리지 않고 드러난다.

한밤이면 내가 나를 거울로 보듯
그런 혼자의 밤이면
포근한 만족감으로 충만합니다. 「한밤이면」 부분

서정시에서 대체로 밤은 부정적 분위기를 드러내는 경우가 많다. 그러나 이 시에서 밤은 매우 긍정적이다.

〈혼자만의 밤이면/ 포근한 만족감〉에서 보이듯 밤은 만족과 충만을 안겨 준다.

그래서 밤이 어두운 것은 휴식을 통해 새날의 빛을 따라 바른길을 찾는다는 일이다.

9월에 이마에 와 닿는 바람이여
나의 길을 가늠하는 명석을 덧나게 하라
삶에는 두 가지 길이
다 견고하고 진실 되어 나를 부른다
이 선택을 나의 결단만으로 안 되느니
생명의 임자의 긍휼에 맡겨야 하는 것이다
나를 불사르는 그곳 뒤엔
소년과 소녀 그리고 어린이들의 깨끗한 웃음소리
이러한 사랑으로
나의 작은 생명의 던짐과 봉헌이
주인께 긍휼을 족히 얻게 하라. 「나의 길」 전문

우리는 길을 찾는다. 그 길은 먼 데 있지 않고 가까운 데 있다. 그래서 공자는 세 가지 길에 의해 성지에 도달할 수 있다고 한 것이다. 그 하나는 사색에 의해서이다. 이것은 가장 높은 길이다. 둘째는 모방에 의한 것이다. 이것은 가장 쉬운 길이다. 그리고 셋째는 경험에 의한 것이다. 이것은 가장 고통스러운 길이다.

이 시의 화자는 기독교적 신앙인의 입지에서 사색이나 경험에 의한 길을 나서는 것으로 보인다.

이러한 연유는, 〈나의 결단으로 안 되느니/생명의 임자의 긍휼에 맡겨야 하는 것이다〉고 믿는데서 찾아진다. 〈생명의 던짐과 봉헌〉만으로 안 되고 〈주인께 긍휼〉을 통해서 얻게 된다는 것을 믿고 있다.

그런데 길을 찾아 나서는 것은 바른 뜻을 지닌다는 것과 다르지 않다. 뜻이 예비 되지 않거나 내정되지 않는 길은 방황이나 배회에 지나지 않기 때문이다.

여기서 올곧은 길은 사랑을 향해 가는 길이다.

> 꺼져가는 심지라도 그 마지막 몸부림이
> 그렇게도 감사한 것은 사랑이 있기 때문입니다
> 일생이 안개처럼 지워지더라도
> 그 마지막 몸부림 사이에 나를 담그셔서
> 영생을 주시어요. 「사랑」 부분

이 세상에서 사랑만큼 소중한 것은 많지 않다. 그래서 진실한 사랑은 사람에게만 신이 준 선물이다. 〈그 마지막 몸부림 사이에 나를 담그셔서/영생을 주시어요 〉라는 행간 속에 사랑을 주는 주체는 신앙의 대상인 기독교의 신이다. 사랑은 달콤함이나 꿈 같은 것이 아니라 헌신하고 봉사해서 얻어지는 존재 양식이다. 이러한 사랑은 어머니를 통해 승화된다.

> 어머니의 유산
> 그 보물은 눈물 보석
> 호박꽃 닮은 순박한 웃음
> 우린 이제야 울 줄 아는 사람들이 되고
> 웃을 줄 아는 사람들이 되었습니다
>
> 우리 남은 보답은
> 어머니를 위한 기도이고
> 다시 일어서는 용기입니다
>
> 남은 세월
> 다함없는 행복한 모성으로
> 어머니의 길 다 이루소서. 「어머니」 부분

어머니의 사랑은 완전에 가깝다.

이러한 어머니의 사랑을 받는 사람은 마음씨 고약한 사람이 없는 것이다. 우리의 마음속에 어머니가 없는 사람은 망가진 악기이다.

〈어머니의 유산/그 보물은 눈물 보석.〉에서 보이듯 화자는 어머니의 유산인 눈물 보석을 통해 〈이제야 울 줄 아는 사람들이 되고/ 이제야 웃을 줄 아는 사람들〉이 될 수 있는 것이다.

그러나 어머니에게도 병이 내습하는 것은 어쩔 수 없는 일이다.

그 온기 하나로
하나님의 손길로 그 입김과 낯빛의
대낮으로
봄은 마른 가지에 푸른 아기로 안기어
환한 실내악
병은 침대 위에서 사귀어진다

아픔이 치유의 기적을 기다리며
젖은 눈매 부을 때
우리의 제물
보배로운 마음이여
설익은 잠에 놀라 그 흑암
안식을 느껴워 합니다
오직 그 젖빛 그 꿀 빛 사랑을. 「병실」 전문

시 쓰기는 세계와의 관계 맺기로서 인간적 향기를 빚는 일이다. 꽃의 향기는 바람을 거슬러 오르지 않는다. 그러나 시인의 서정적 향기는 바람을 거슬러 오른다. 비록 병들은 몸이라 할지라도 예외가 아니다.

M. 푸루우스트는 "병든 사람은 정상적인 사람보다 자기의 넋에, 보다 가까이 가는 것이다"라고 말하고 있다.

이 시에서 화자는 〈병은 침대 위에서 사귀어진다〉며 아픔을 통해 치유의 기적을 기다리고 있다. 병을 이기고 나면 신앙인은 자연스럽게 찬송가를 부르게 된다.

주님께서는 우리에게
몸을 악기로 주셨으니

파트별 음은 모아져
하나의 새로운 하모니가 되고
다른 음질조차 이렇게 하나가 되니

땅에서 부르는 노래나 허밍이나
정녕 하늘에서 내려오는 곡조 같고

가사 따라가는 화음과 함께
가사 대로 가사가 현실이 될 듯
하나는 공동체

그대 눈 감으면 하늘에서 내리는 평화
연습이지만 그 부스러기도 가치롭고
하늘을 맛보구나. 「성가 연습」 전문

이 시에서 화자는 〈주님께서는 우리에게/ 몸을 악기로 주셨으니〉처럼 자신의 몸을 찬송하는 도구인 악기로 이해한다.

신의 피조물로서의 자각은 성숙한 신앙이 아니면 갖기 어려운 일이다.

〈가사 따라가는 화음과/ 가사 대로 가사가 현실이 될 듯/ 하나 되는 공동체〉에서 드러나듯 가사가 화음을 이루어, 그것이 현실이 되는 믿음의 공동체를 지향한다.

만복의 근원이시며 만백성이 드리는 찬송을 받는 삼위일체인 성부, 성자성신의 주체인 신에 대한 찬송과 경배는 장엄한 경지를 이룬다.

하늘이 우리를 낳은 것은 이 세상의 모든 생명과, 그 생명에 숨을 불어넣어 주시는 신을 사랑하도록 하기 위한 것이다. 이러한 곧은 믿음이 기독교적 신앙의 본질이다.

최만공 시인의 첫 번째 시집 『신비한 성좌』에는 참된 기독교적 자아가 투명하게 반영되어 있다. 존재와 현상에 깃든 미적 가치를 미세한 감수성으로 드러내고 있으며, 기독교적 생애관에 접선시켜 사물과 세계 속에 내재한 생명에 대한 끝없는 기도와 간구가 노래가 되고, 바람직한 시와 신앙의 길이 되기를 기원하고 있다.

이러한 시의 길과 신앙의 길이 이완되지 않고 절묘하게 균형과 조화가 이루어지는 것은 여간 소중한 미덕이 아닐 수 없다.

신비한 성좌

인쇄일: 2016년 3월 25일
발행일: 2016년 3월 30일

지은이: 최만공
펴낸이: 최경식
펴낸곳: 도서출판 청옥문학사
인쇄처: 세종문화사

등록번호 제10-11-05호
전화: 051-517-6068
E-mail: kyu500@hanmail.net

ISBN 978-89-97805-45-7 03810

값 10,000원